Los primeros viajes escolares

El concierto

por Rebecca Pettiford

Bullfrog en español

Ideas para padres y maestros

Bullfrog Books permite a los niños practicar la lectura de textos informativos desde el nivel principiante. Las repeticiones, palabras conocidas y descripciones en las imágenes ayudan a los lectores principiantes.

Antes de leer
- Hablen acerca de las fotografías. ¿Qué representan para ellos?
- Consulten juntos el glosario de las fotografías. Lean las palabras y hablen de ellas.

Durante la lectura
- Hojeen el libro y observen las fotografías. Deje que el niño haga preguntas. Muestre las descripciones en las imágenes.
- Léale el libro al niño o deje que él o ella lo lea independientemente.

Después de leer
- Anime al niño para que piense más. Pregúntele: ¿Alguna vez has estado en un concierto? ¿Qué escuchaste? ¿Dónde se presentó el concierto?

Bullfrog Books are published by Jump!
5357 Penn Avenue South
Minneapolis, MN 55419
www.jumplibrary.com

Copyright © 2016 Jump! International copyright reserved in all countries. No part of this book may be reproduced in any form without written permission from the publisher.

Library of Congress Cataloging-in-Publication Data

Names: Pettiford, Rebecca, author.
Title: El concierto/ por Rebecca Pettiford.
Other titles: Concert. Spanish
Description: Minneapolis, MN : Jump! [2016]
Series: Los primeros viajes escolares | Includes index.
Identifiers: LCCN 2015040179
ISBN 9781620313299 (hardcover: alk. paper)
ISBN 9781620316207 (paperback)
ISBN 9781624963896 (ebook)
Subjects: LCSH: Concerts—Juvenile literature.
School field trips—Juvenile literature.
Classification: LCC ML3928.P4716 2016
DDC 780.78—dc23
LC record available at http://lccn.loc.gov/2015040179

Editor: Jenny Fretland VanVoorst
Series Designer: Ellen Huber
Book Designer: Lindaanne Donohoe
Photo Researcher: Lindaanne Donohoe
Translator: RAM Translations

Photo Credits: All photos by Shutterstock except: Alamy, 16–17; Igor Bulgarin/Shutterstock, 6–7, 22; iStock, 4, 5, 19; Martin Good/Shutterstock.com, 10–11, 13; PhotoHouse/Shutterstock.com, 18–19; testing/Shutterstock.com, 14–15; Thinkstock, 8, 12.

Printed in the United States of America at Corporate Graphics in North Mankato, Minnesota.

Tabla de contenido

¡Escuchen!	4
En la sala de conciertos	22
Glosario de fotografías	23
Índice	24
Para aprender más	24

¡Escuchen!

Nuestra clase está en un paseo escolar.

Estamos en un concierto.

¿Qué pasa en un concierto?
La gente toca música.

Algunas personas tocan instrumentos.

Son músicos.

Otras personas cantan.

Son cantantes.

Vamos a la sala de conciertos.

¡Shh! Es hora de guardar silencio.

Llegó el director de orquesta.

¿Qué hace?
Él dirige a los músicos.
Mueve una vara.

vara

director de orquesta

Todos lo miran.
Empiezan a tocar.

Existe todo tipo de conciertos.

Algunas veces, las personas bailan.

Tocan los tambores.

¡Bum! ¡Bum!

Algunas veces,
las personas cantan.

Están en un coro.

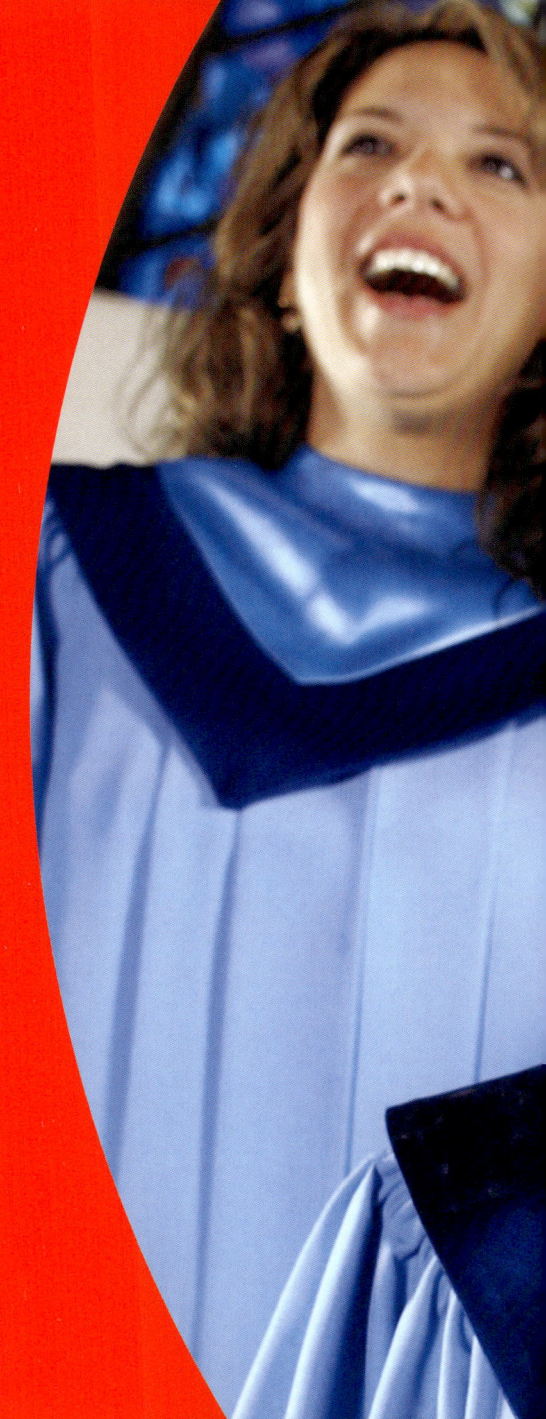

Vamos al parque.

Una banda está tocando música.

¡Guau! ¡Qué genial!

La música se detiene.

Nosotros aplaudimos.

El concierto estuvo divertido.

¡Regresemos pronto!

En la sala de conciertos

Glosario de fotografías

banda
Un grupo de músicos.

coro
Un grupo de personas que cantan.

concierto
Un espectáculo de música en vivo.

paseo escolar
Un pequeño viaje que los estudiantes hacen para aprender sobre algo.

Índice

baila 15
banda 19
cantantes 9
coro 16
director de orquesta 10
instrumentos 8
música 7, 19, 20
músicos 8, 12
parque 19
paseo escolar 4
tambores 15

Para aprender más

Aprender más es tan fácil como contar de 1 a 3.
❶ Visita www.factsurfer.com
❷ Escribe "elconcierto" en la caja de búsqueda.
❸ Elige tu libro para ver una lista de sitios web.